Kringloop van het leven

Van eikel tot eik

Camilla de la Bédoyère

corona
Ars Scribandi Uitgeverij

Verantwoording
De uitgever bedankt de volgende personen en organisaties voor
hun toestemming om hun beeldmateriaal in deze publicatie te
reproduceren.

© Alamy: 1 onder Mike Stone, 9 CuboImages srl, 16 rechtsonder
MichaelGrantsPlants, 17 Natural Visions, 24 William Leaman; ©
Corbis: 15 onderb Simko, 18 onder, 18 boven, 19 boven Gerolf Kalt,
21 linksonder Fernando Bengoechea; © Getty Images: Voorplatfoto
Karin Smeds/Gorilla Creative Images, 4 links Leonard Gertz/Stone,
5 boven en 12 linksonder Steve Gorton/Dorling Kindersley; © Hawk
Conservancy Trust: 14; © Nature Picture Library: 20 linksonder
Stephen Dalton; © Photolibrary: 4-5 Naturfoto Online, 11
linksboven Richard Packwood, 11 James Osmond, 12 rechtsonder
Breck P Kent, 17 rechtsonder Brendt Fischer, 19 Justus de Cuveland,
20 FB-Rose, 21 Nick Cable; © Science Photo Library: 15 boven
Bruno Petriglia, 16 links Dr Jeremy Burgess; © Shutterstock:
Achterplatfoto Kosam, 1 boven McSeem, 2 linksboven en 24
Le Do, 3 boven SunnyCatty, 5 onder Aleks.k, 8-9 Alexnika, 10
linksonder en 10 onder Kaczor58, 10 boven Fotofermer, 12
rechtsboven Florin C, 13 boven Diana Tallun, 13 Pling, 22 Yuliyan
Velchev, 23 Slowfish.

Alle internetadressen (URL's) die op pagina 22 worden vermeld,
waren geldig bij het ter perse gaan van dit boek. Als gevolg van
het dynamische karakter van het internet is het mogelijk dat
enkele adressen na het uitkomen van dit boek zijn gewijzigd
of dat internetsites zijn veranderd of opgeheven. De uitgever
betreurt het als dit voor de lezer ongemak veroorzaakt. De
uitgever kan voor dergelijke veranderingen niet aansprakelijk
worden gesteld.

Meer informatie over onze uitgaven op **www.arsscribendi.com**.
Bestellen kan via onze website of bij de boekhandel.

Sommige woorden zijn **vet**gedrukt.
Op bladzijde 22 lees
je wat deze woorden
betekenen.

Inhoud

Wat is een eik?

Een eik is een boom. Alle bomen zijn planten. Ze hebben wortels, stengels en bladeren.

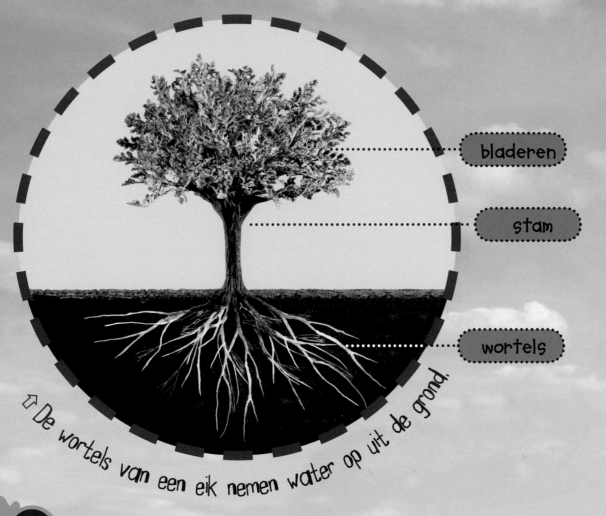

bladeren

stam

wortels

⇧ De wortels van een eik nemen water op uit de grond.

Bomen zijn planten die hoog en stevig worden. Hun houtige stengel is de **stam**. Een dikke **schors** beschermt de stam.

Eiken groeien overal op de wereld. Ze kunnen heel hoog worden.

takken

stam

⇨ Bomen hebben een houtige stam die bedekt is met schors.

schors

⇦ De takken zitten vol met bladeren.

5

Het verhaal van een eik

Eiken groeien in bossen, tuinen en parken. Ze kunnen heel oud worden.

Eiken maken zaden als ze 40 tot 50 jaar oud zijn. Die zaden noem je **eikels**. Op een dag zullen uit de eikels nieuwe eiken groeien.

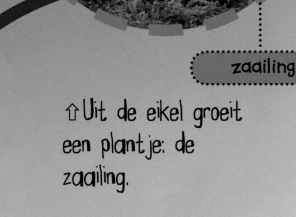

2

zaailing

1

eikel

⇧Uit de eikel groeit een plantje: de zaailing.

⇦Een eikel is een zaad.

3

jong boompje

Het verhaal van een kleine eikel die uitgroeit tot een enorme boom, noem je de **levenscyclus**.

4

boom

⇧ De plant is een jong boompje geworden.

⇨ Kleine eikels groeien uit tot grote eiken.

Eikels

Nieuwe eikels hebben
een groene schil.
Later wordt die schil
droog en bruin.

dopje

Een eikel is een zaad waaruit
op een dag een nieuwe eik zal
groeien. Eikels groeien aan
een steeltje, of meteen aan
een takje.

Eikels hebben aan de bovenkant een harde **dop**. Wanneer eikels rijp zijn, vallen ze uit de boom.

⇦Eikels van de zomereik hangen aan steeltjes.

⇧Moseiken hebben dopjes met stekels.

De eerste scheut

Eikels hebben lucht, water en warmte nodig om te groeien.

Wanneer een eikel op de grond valt, barst de huid open en komt er een worteltje tevoorschijn. Dit noemen we **ontkieming**.

Sommige eikels ontkiemen in de **herfst**. Andere ontkiemen in de lente of zelfs pas na een paar jaar.

3

⇧ De scheut krijgt blaadjes.

2

⇦ Er komt een groene scheut tevoorschijn.

1

⇦ Het worteltje groeit omlaag de grond in.

4

De scheut groeit naar de zon toe. Een scheut die blaadjes krijgt, noem je een zaailing.

5

⇑ Terwijl de zaailing groeit, krijgt hij meer blaadjes.

⇨ De blaadjes spreiden zich uit in de zon.

De hoogte in

De zaailing van een eik wordt steeds hoger. Na een tijdje is het een boompje.

Het boompje heeft al veel bladeren. Hij heeft zonlicht, lucht en water nodig om nog groter te worden.

⇧ Een eik wordt elk jaar ongeveer 50 centimeter hoger.

⇨ Jonge boompjes groeien sneller wanneer er veel zon is.

⇨ Als je wilt weten hoe oud een boom is, kun je de ringen in zijn stam tellen.

3

⇧ Hoe ouder de boom wordt,
hoe meer takken hij krijgt.

De stam wordt elk
jaar dikker en hoger.

4

⇨ Eiken groeien
langzaam, maar ze
worden wel groot
en sterk.

Katjes

Eiken hebben twee soorten bloemen: vrouwelijke bloemen en mannelijke bloemen.

De mannelijke bloemen noem je **katjes**. Ze zitten vol met **stuifmeel**. Dit is een geel poeder.

De vrouwelijke bloemen zijn veel kleiner. In deze bloemen zitten de **eicellen** van de boom.

⇧ De vrouwelijke bloemen van een eik zijn klein en moeilijk te zien.

Stuifmeel bestaat uit piepkleine korreltjes.

katjes

⇒ De katjes zijn lang en hangen in groepjes aan de takken.

stuifmeelkorrel

⇐ De katjes zijn bedekt met stuifmeel.

15

Nieuwe eikels

De wind blaast stuifmeel uit de katjes. Een deel van het stuifmeel wordt naar de vrouwelijke bloemen geblazen.

Er komen stuifmeelkorrels op de vrouwelijke bloemen terecht. De stuifmeelkorrels **bevruchten** de eicellen.

Wanneer de eicellen bevrucht zijn, kunnen ze uitgroeien tot nieuwe zaden. Dit zijn eikels.

stuifmeelkorrels

⇧ Stuifmeelkorrels zijn zo klein en licht dat de wind ze mee kan voeren.

1

⇨ Aan één boom kunnen duizenden eikels groeien.

In de herfst worden de eikels
rijp. Veel bosdieren eten ze.

⇨ Hongerige eekhoorns eten
eikels in de herfst.

⇩ De rijpe eikels veranderen
van kleur, van groen
naar bruin.

2

Winterrust

In de winter zijn de bomen en eikels in rust. Ze wachten op warmer weer.

In de lente is er meer zonlicht en warmte. De eikels ontkiemen en groeien uit tot zaailingen. De bomen krijgen nieuwe bladeren en bloemen.

In de zomer groeien er nieuwe eikels: de levenscyclus begint opnieuw.

lente

winter

3

zomer

In de herfst bereiden de meeste bomen en planten zich voor op een tijd van rust. De bladeren van de eik veranderen van kleur en sterven af.

4

De rijpe eikels en verkleurde bladeren vallen op de bosbodem.

⇐ Oude bladeren worden rood of bruin.

herfst

19

In een oude eik

Oude eiken zitten vol levende wezens. In deze bomen vinden allerlei dieren en planten een plekje.

Een eik kan honderden jaren oud worden. Zelfs na zijn dood geeft hij veel levende wezens beschutting.

⇨ Insecten leven in eiken. Wespen kauwen op het hout en gebruiken het om een nest te maken.

wespennest

⇧ Eekhoorns en vogels, zoals deze kerkuil, maken nesten in oude boomstammen.

Sommige oude eiken
worden omgehakt om
hun hout. Van hout maken
we vloerplanken, deuren,
potloden en papier.

⇦ Een eik kan honderden
jaren oud worden.

⇨ Mensen gebruiken
eikenhout om meubels te
maken, zoals tafels en stoelen.

Moeilijke woorden

bevruchting Wanneer een stuifmeelkorrel samensmelt met een eicel.

dop Het hoedje van een eikel.

eicel Een vrouwelijke cel waar nieuw leven uit ontstaat.

eikel Een zaad van een eik.. Het meervoud is: eikels.

herfst Het seizoen tussen de zomer en de winter.

katje Een groepje van bloemetjes. De mannelijke bloemen van eiken noem je katjes

levenscyclus Het verhaal over het leven van een dier of plant: van bevruchting tot dood. Cyclus betekent dat hetzelfde na een tijdje weer opnieuw begint. Bij de eik groeit er uit een eikel een grote eikenboom.

ontkieming Wanneer een zaadje begint met groeien.

schors De harde laag aan de buitenkant van een boomstam.

stam De houtige stengel van een boom.

stuifmeel Een gelig poeder dat door mannelijke bloemen wordt gemaakt.

zaailing Een jonge plant die uit een zaadje groeit.

Meer weten...

Boeken

Bossen door Andy Owen en Miranda Ashwell
ISBN 978-90-5566-104-6,
Ars Scribendi – 2005

Bossen en wouden door Barbara Taylor
ISBN 978-90-5495-452-1,
Ars Scribendi – 2001

Waarom verkleuren de bladeren?
door Terry Allan Hicks
ISBN 978-90-5566-744-4,
Ars Scribendi – 2012

Waarom zijn er seizoenen? door Melissa Stewart
ISBN 978-90-5566-270-8,
Ars Scribendi – 2009

Internetsites

www.schooltv.nl/beeldbank
Als je *eik* intypt bij de zoekopdracht, kun je een filmpje bekijken over een eik.

www.schooltv.nl/beeldbank
Als je *boomknoppen* intypt bij de zoekopdracht, kun je een filmpje bekijken over bomen in de lente.

Register

Informatie voor ouders en leerkrachten

Dit boek is zo geschreven dat kinderen het zelfstandig kunnen lezen. Met de (les)suggesties hieronder breng je het onderwerp nog dichter bij hun belevingswereld.

In een park of in het bos kun je samen op zoek gaan naar eikels. Kinderen kunnen een paar eikels in de grond stoppen om te laten ontkiemen. Ze kunnen dan zien hoe de zaailing uitgroeit tot een boompje.

In de vroege lente als de bomen nog kaal zijn, kun je het bos in gaan met een zoekkaart of plantengids. Bekijk samen de knoppen aan de takken van bomen en probeer te bepalen om welke bomen het gaat. Lukt het ook om een eik te vinden? In de zomer kun je dit natuurlijk ook doen door goed te kijken naar de bladeren.

Kinderen kunnen ook een tekening maken van een eikenboom en van dieren in het bos. Kijk met ze naar de onderdelen van planten, stengels, bladeren, bloemen, en ook zaden en zaailingen. Je kunt ze helpen om dat wat ze zien te koppelen aan de levenscyclus.

Kinderen kunnen naar aanleiding van dit boek vragen hebben over het verstrijken van de tijd en over volwassen worden. Vertel iets over je eigen jeugd. Je kunt een eenvoudige stamboom tekenen en samen een fotoalbum bekijken waarin je ziet hoe de levensfasen elkaar opvolgen, en hoe ook bij mensen alles steeds weer opnieuw begint.